Änglabudskap

30 insikter från Veckans Insikt &
Änglabudskap

av
Rosanna Lariella Antonsdotter

© 2020 Antonsdotter, Rosanna Lariella
Förlag: BoD – Books on Demand,
Stockholm, Sverige
Tryck: BoD – Books on Demand,
Norderstedt, Tyskland
ISBN: 978-91-7969-896-6

Innehåll

Änglabönen

"Mina kära änglar,

Tack för att ni höjer mina tankar om mig själv och andra och ger mig ögon som kan se er välsignelse i allt och alla.

Tack för att ni hjälper mig att uppleva den kärlek som jag vet existerar i allas hjärta.

Tack för att ni avlägsnar allt det som inte tillhör mig, och ger mig tillit till att det som Gud har gett mig och som tillhör mig kan ingen annan ta ifrån mig.

Tack för att ni ger mig vissheten till förståelse att de som Gud har fört samman kan ingen människa skilja åt.

Tack för alla de relationer som inte längre finns i mitt liv. Jag förstår nu att de inte tillhör mig. Jag välsignar dem med er hjälp och överlämnar dem till Gud.

Tack för att ni skapar utrymme i mitt liv för nya relationer som tillhör mig.

Jag välkomnar dem nu med ett öppet hjärta med Guds välsignelse.

Tack för att ni höjer mig över världens mörker och låter mig genomdränkas av ljus, vilket gör att jag känner tröst och lugn i sanningen. Jag är ett barn av Gud och med er hjälp sprider jag detta till världen endast genom vetskapen att jag är värdig för att jag finns till.

Tack för ännu en underbar dag och den perfekta koreografin i mitt liv så att jag kan få möjlighet att uttrycka och visa den högsta versionen av mig själv.

Jag överlämnar nu alla mina tankar, känslor och problem till er, därför att jag vet att lösningen redan finns här och genom att jag överlämnar allt till er så vet jag att jag får en gudomlig lösning och ett gudomligt svar tillbaka.

Jag är villig att se mig själv, min situation och mitt liv på ett annat sätt och jag accepterar allt som det är just nu.

Tack!

Amen"

Veckans Insikt & Änglabudskap

Veckans Insikt & Änglabudskap startade 2014 och har sedan dess skickats ut varje fredag till alla prenumeranter. Nyhetsbrevet har kommit att bli oerhört uppskattat.

Den här boken är en samling av 30 utvalda insikter från nyhetsbrevet Veckans Insikt & Änglabudskap.

Veckans Insikt & Änglabudskap ger dig vägledning från änglarna med budskap till dig för inspiration till insikt. Insikterna ger tro, hopp och tillit i din vardag.

Du kan välja att läsa och följa insikterna från insikt ett till insikt trettio, eller så kan du läsa en insikt varje dag och låta den insikten tillämpas i ditt vardagliga liv. Det går också bra att bara slå upp en sida i boken och se var du hamnar.
Prova dig fram och gör det som känns bäst för dig.

Den röda tråden är följande:
Medan du läser budskapen från änglarna
äger en förändring rum inom dig.
Du får uppleva din innersta natur, som är
oändligt mycket mer och större än du
kunnat föreställa dig.

Du är varmt välkommen att prenumerera,
kostnadsfritt, på Veckans Insikt &
Änglabudskap. Varje fredag skickar jag
iväg en ny insikt till alla prenumeranter.
Välkommen du också!
Du kan starta din prenumeration hos
antonsdotter.com

Välkommen till änglarnas värld!

Rosanna Lariella Antonsdotter

1

Du är beskyddad

*Änglarna vill be dig om att varje dag
tona in på deras energinivå.
När du gör det så ger du änglarna
tillåtelse att ge dig och dina nära och
kära skydd och beskydd. Detta är en
färskvara så ge dig själv tid till att,
varje dag, prata med änglarna,
meditera, reflektera, tända ljus och
annat som får dig att tona in på deras
energi.*

*Att tona in på änglarnas energinivå och
höra deras röst är som en andlig radio
där det är lättast att få bra mottagning
tidigt på morgonen, sent på kvällen eller
när du mediterar. Det är stunder då
världens och det kollektiva medvetandet
inte tar vår uppmärksamhet i anspråk*

och våra tankar och känslor tyngs inte
lika mycket av orolig energi.

Att medvetet, varje dag, tona in på
änglarnas energi i en värld där rädslans
tankar dominerar är inte alltid lätt, men
det kommer alltid att ge dig inre frid.

Om vi vill förändra världen är det just
ett sådant ställningstagande som
behövs. Det finns inget andligt med att
undvika världens problem. Målet är inte
att undvika världen, utan målet är att
läka den. Det börjar inom varje enskild
individ. Vi börjar med att läka oss
själva, sedan kommer detta att spridas
utåt till andra människor. De gudomliga
gåvorna kan bara ges till dem som
själva försöker förkroppsliga dem.

Änglarna vet att du är en av dem som
går först i ledet och visar andra vägen.
Därför ber änglarna dig att trots

15

motståndet fortsätta framåt och inte ge upp.

Änglarna vet att du har kommit långt på din andliga väg och ber dig att kliva utanför din "komfortzon" så att du kan sprida din kunskap och visdom vidare.

Kom ihåg att änglarna alltid är med dig!

♥

2

Din själs visdom

*Änglarna vill be dig om att vrida ditt
medvetandets antenn där den kan fånga
upp din själs visdom.*

*Din själs visdom kommer från hjärtat.
Ett vist hjärta omsluter andra och sig
själv med medkänsla och öppenhet.*

*Din själs visdom har förmågan att veta
vad som är viktigt i livet och vad som
inte är det.*

*Din själs visdom leder dig alltid till din
inre kallelse i livet. Den har förmågan
att sortera igenom alla intryck och all
information som kommer in och
behåller endast det som bidrar till något*

ännu bättre och som är i linje med din själs kallelse.

Din själs visdom har förmågan att veta vilka aktiviteter som tjänar ditt högre syfte och vad som lockar dig bort från din väg.

Din själs visdom vet hur dina tankar fungerar och den lär dig förstå att du är den som väljer vilka tankar du ska tänka, vilka känslor, reaktioner, önskningar och begär som stödjer dig och vilka som inte gör det. Människor med ett tränat sinne kan undvika att dras med i en kollektiv oro och rädsla även när de ställs inför svåra utmaningar. De vet att ingenting kan finnas i deras värld om det inte finns där på grund av ett medvetet val och en aktiv inbjudan.

Din själs visdom vill bjuda in dig till att istället för att kämpa emot eller göra dig av med lägre tankar kan du placera tankar av en högre natur vid sidan av dem. Att fokusera på det som är positivt istället för att döma transformerar all negativ energi och oskadliggör den.

Änglarna vet att du försöker handskas med en viss situation just nu och de är här för att hjälpa dig att få tillgång till din själs visdom för att lättare kunna hantera situationen. Budskapet bakom situationen är att änglarna vill få tillåtelse till att leda dig till din själs visdom. Det är detta situationen vill tala om för dig. Nu är det dags att gå ännu djupare. Änglarna vet att du har kommit långt i din andliga förståelse och utveckling. Nu är tiden inne för att ta nästa steg. Du är redo för det nu!

♥

♥♥♥

3

Två viktiga frågor

*Änglarna vill be dig om att ställa dig
själv två viktiga frågor:*

1. Vart är jag på väg?
2. Vem vandrar vägen med mig?

*Det viktiga här är att du ställer
frågorna i den exakta ordningen.*

*Änglarna vill få dig att inse att om du
ställer fråga 2 före fråga 1 finns risken
att du följer andra vind för våg och
hamnar på platser som inte är ämnade
för dig, utan för någon annan.*

*Änglarna undrar vart du är på väg,
eftersom de vill visa dig vilken väg som
är din. När du har ett eget syfte med ditt*

liv så kan du gå vidare med fråga 2:
"Vem vandrar vägen med mig?"

Änglarna undrar om du har människor i
din omgivning som lyfter dig, stödjer dig
och hjälper dig? Eller, behöver du
sänka dig till deras nivå för att få deras
gillande, uppskattning och omtanke?

Kanske är det dags nu att avsluta allt
det som inte längre stödjer dig och som
inte längre är i linje med den du vill
vara?

Kanske är du på väg någon helt
annanstans än du var för bara ett år
sedan, eftersom du har utvecklats?

Kanske är det dags att börja om på en
helt annan plats?

Änglarna vill att du ska förstå att om du
vet svaret på fråga 1, så löser sig fråga
2 utan att du behöver anstränga dig.

Änglarna kommer att hjälpa dig med att
finna svaret på fråga 1. Lyssna noga för
svaret kan komma på ett sätt som du inte
har förväntat dig.

♥

♥♥♥

4

Tre andliga lagar

*Änglarna vill att du djupt inom dig ska
förstå och tillämpa tre andliga lagar.
Dessa är:*

*1. För in ljuset istället för att bekämpa
mörkret.*

*2. Allt som du kämpar emot, förstärker
du och allt som du gör motstånd mot
lever kvar.*

*3. De som Gud har fört samman kan
ingen människa skilja åt och allt som
tillhör dig kan ingen annan ta ifrån dig.*

*Änglarna kommer på sitt eget unika sätt
visa dig hur du kan tillämpa dessa tre
andliga lagar i ditt liv. De kommer att*

guida dig på ett personligt sätt och de kommer att använda ett "språk" som du förstår.

Tona in på deras energi, slappna av och tillåt änglarna att få guida dig.

Änglarna vill att du gör utrymme för dem i ditt liv. När du gör det kommer änglarna fylla dig med allt ljus som du behöver och du kommer automatiskt att ge vidare detta ljus till alla du möter.

♥

♥♥♥

5

Dags att tända själens eld

*Änglarna vill att du ska göra ett bål av
det som inte längre fyller någon funktion
i ditt liv. När du gör det så kommer
änglarna ge dig mod till att göra de
förändringar som behövs för att du i
trygghet ska kunna arbeta med din
gudomliga kallelse.*

*Änglarna vill hjälpa dig med att stå upp
för dig själv, det du tror på och dina
beslut. Du vet vad du gör och var du är
på väg. Du behöver inte försvara dig
eller förklara varför.*

*Människor i din närhet kanske inte, just
nu, förstår ditt syfte och din vision
eftersom du är en av dem som går först i*

ledet. Våga vara den som andra
människor vill följa.

Du kommer att lyckas! Änglarna är med
dig. Stå stadigt och backa inte, för det
är viktigt att du står upp för din sanning
och övertygelse.

Låt själens eld brinna. När den väl är
tänd så går den inte att släcka. Själens
eld ger dig mod och skapar ett upplyst
tempel inom dig som för alltid är
beskyddat av änglarna.

Låt ditt inre mantra vara:
"Änglarna är inom mig, omkring mig
och skyddar mig"

Upprepa mantrat tyst för dig själv så
ofta du kan. Mantrat tänder din själs eld
och ger den näring kontinuerligt.

*Änglarna vill att du ska veta att det
värsta är nu bakom dig och din framtid
är tryggt skyddad av änglarna.*

♥

♥♥♥

6

Mellantiderna

*Ibland lever vi i mellantiderna, det vill
säga faser då vi inte längre är den vi
var förut men ännu inte kommit fram till
nästa stadium heller. Änglarna vill att
du ska veta att även hela världen kan
med jämna mellanrum befinna sig i
dessa mellantider.*

*Det är tider då vi alla på ett personligt
plan förbereder oss själva för en inre
och yttre förändring. Vi förbereder vårt
hjärta på övergången från det "gamla"
till det "nya".*

*Den stora utmaningen nu är att ta reda
på vad det "gamla" resp. "nya" är för
just dig.*

Kanske känner du en längtan att få
upptäcka dig själv, dina talanger och
gåvor och komma vidare på din väg
genom livet?

Kanske vill du hitta ett nytt hem, men vet
inte var?

Kanske vill du finna ett nytt jobb och en
ny karriär, men vet inte hur?

Kanske vet du precis vad du vill, men
vet inte hur du ska ta dig dit?

Kanske vet du inte alls vad du vill, men
har en innerlig önskan att få veta?

Kanske känns det som om där hela tiden
finns en djup kronisk depressiv känsla
och du vill veta varför?

Kanske känns det som om du är osäker
på din väg och hur du ska gå vidare,

trots alla år av ansträngningar med din egen personliga utveckling?

Kanske känns det som om du är ensam trots alla dina vänner och önskar finna mer likasinnade vänner?

Kanske känns det som om du ännu inte har hittat din rätta partner, eller att du inte upplever den nivån av förtrolighet som du önskar med din partner och har en innerlig önskan att få uppleva detta?

Kanske undrar du om livet ska se ut så här och du ställer dig ofta frågan: "Det måste finnas ett annat sätt att leva livet på"?

Kan du känna igen dig?
Då har du hamnat rätt och du är långt ifrån ensam. Många människor ställer sig själv dessa frågor.

Oavsett vilket vägskäl i livet du står
inför, så kom ihåg att änglarna är med
dig. Änglarna kommer att framöver ge
dig tydliga ledtrådar på vad det
"gamla" resp. "nya" är för just dig.

♥

♥♥♥

7

Utmaningen i att växa

*Änglarna vill hjälpa dig med att förstå
att vi lever i en tid av djupgående
förändring, och det handlar inte bara
om tillväxt.*

*Miljontals människor känner sig
själsligt kallade att bidra till en global
förvandling, till en storslagen övergång
från en värld av rädsla till en värld av
kärlek.*

*Vi känner att tiden är kommen och vi vet
att det är vi som måste göra det. Det
enda problemet är att vi inte är säkra på
hur det ska gå till. Hur kan vi bäst bidra
till en sådan enorm uppgift?*

*Du har kanske hört talesättet: "Många
är kallade men få är utvalda".
Detta betyder att alla är kallade men det
är få som orkar bry sig om att lyssna.
Änglarnas kallelse är universell och når
ut till varje medvetande, men inte alla
väljer att lyssna till sitt eget hjärtas
kallelse.*

*Var och en av oss får andlig näring från
Gud i varje stund genom en så kallad
"kosmisk navelsträng". Ändå följer de
flesta fortfarande egots rädsla vilket
resulterar i att vi* **gör motstånd mot** *den
gudomliga näringen, istället för att* **ge
efter för** *den gudomliga näringen.*

*Den mentala förvirringen som orsakas
av alla våra tankar är så intensiv
eftersom vi är tränade att gå rädslans
och egots ärenden. Änglarna är här för
att tala om att det är dags att "lära om"
och träna oss i att istället*

uppmärksamma glimtarna av ljus som
existerar mellan våra tankar. Änglarna
lovar att dessa glimtar av ljus kommer
att bli fler och starkare. Änglarna ber
*dig att inte **göra motstånd mot** dessa*
*glimtar, utan istället **ge efter för** dessa*
glimtar. Ge dig hän och överlämna dig
själv till dessa glimtar av ljus och hela
din värld kommer att ljusna.

Änglarna vill också berätta för dig att
du är välsignad genom att du är både
kallad och utvald. Det vet änglarna
eftersom de känner dig bättre än du
själv gör. De vet att du i ditt hjärta och
själ är både redo och villig.

Du gör redan nu skillnad i världen och
du är ämnad till att leva ett storslaget
liv.

♥

♥♥♥

8

Från att be änglarna förändra

världen till att be änglarna förändra

oss

Änglarna vill att du djupt inom dig ska
veta att för att livet ska förändras
behöver vi resa på djupet inom oss
själva och låta förändringsprocessen
starta där.

Att försöka förändra världen genom att
"rätta till världen" är som att försöka
förändra en film genom att ändra på
filmduken. Den värld vi känner till är
bara en filmduk som vi projicerar vårt
medvetande på, och filmen är
densamma tills vårt medvetande om oss
själva förändras.

*Om vi vill ha äkta förändring i livet
hjälper det inte att flytta från en stad till
en annan, ett arbete till ett annat eller
en relation till en annan. Vart vi än går
tar vi oss själva med oss.*

*Förändringen vi söker är inte egentligen
någon geografisk förändring utan
snarare en medvetandeförändring. Vi
kan resa långt bort geografiskt, men den
typ utav resa kan aldrig förändra oss i
grunden. För att livet ska förändras i
grunden behöver vi först resa på djupet
inom oss själva.*

*Änglarna rekommenderar dig att först
resa djupt för att sedan (om du
fortfarande vill) resa långt. Oavsett så
börjar resan med dig själv.*

*Änglarna kommer hjälpa dig med att
förändra dig själv så att du kan bli ett
verktyg för att förändra världen.*

Börja med att be änglarna förändra dig.
Be dem sedan om att visa dig vart de vill
leda dig, vad de vill att du ska göra och
säga och slutligen till vem.

♥

♥♥♥

9

Nya arbeten

*Änglarna vill att du ska förstå att nya
arbeten är på väg att skapas som ett
resultat av de nya energierna som håller
på att utvecklas här och nu på jorden.*

*Dessa nya arbeten kommer att
reflektera våra gudomliga uppdrag som
är mer inriktade på inre prestationer än
yttre, och som kommer att uttrycka
medvetandet hos de människor som
bidragit med sina individuella resurser
till en allmän, helande flodvåg.*

*Dessa nya arbeten kommer att uttrycka
en ny integrering av hjärna och hjärta.*

*Dessa nya arbeten kommer att skapas
som individuella spegelbilder av våra*

unika talanger. När vi växer personligen
så växer vi även in i mer ansvarsfulla
energier.

Vi kommer inte att "hitta" dessa
arbeten, vi kommer att skapa dem.

Det kommer inte att finnas några
annonser eller företag som söker
"ängla- och ljusarbetare", utan nya
former av anställningar kommer att
dyka upp som svar på de nya energierna
som håller på att utvecklas här och nu
på jorden. Det kommer inte att vara
våra pappersmeriter som är viktigast,
utan vårt engagemang för ett högre syfte
som betyder mest. Från det utgångsläget
öppnar sig nya dörrar.

Det änglarna undrar nu är om du är
redo att öppna denna nya dörr?
Är du redo för en ny inriktning i livet?

♥

♥♥♥

10

Från uppgivenhet till nyfikenhet

*Änglarna vill be dig om att ha
nyfikenhet istället för uppgivenhet som
drivkraft framåt.*

*Änglarna vet att det just nu råder svåra
tider, svårare än många tycks vilja
erkänna. Vi omges dagligen av en
ständigt pågående kollektiv oro och
rädsla som är begriplig men inte alltid
så lätt att tala om. Detta kollektiva moln
av oro och rädsla påverkar oss alla
även personligt, medvetet eller
omedvetet.*

*Änglarna vill att du ska veta att, just nu,
lever vi alla med en "kollektiv
depression" som vi inte hanterar utan
snarare slätar över och undertrycker.*

*Det är där vi som mänsklighet befinner
oss idag och den utagerade oro, rädsla
och ilska vi möter från andra människor
beror på att vi inte ännu mött djupet i
vår egen smärta.*

*Änglarna ber dig att inte ta detta
personligt. Identifiera dig inte med
världens smärta och gör den till din
egen.*

*Att stanna på ytan i våra samtal med
andra tycks vara en förutsättning för att
hålla smärtan på bekvämt avstånd. De
som försöker ta upp en djupare
diskussion utesluts systematiskt både i
det privata sammanhanget som i det
offentliga flödet.*

*Änglarna ber dig att inte ta detta
personligt. Identifiera dig inte med
andra människors smärta och gör den
till din egen.*

*Världens förändring under de
kommande åren är starkt knutet till vilka
vi själva utvecklas till. Hur vi växer,
förändras och möter utmaningarna i
livet kommer att bero på hur var och en
av oss spelar sin roll. Vi spelar alla med
i detta drama (livet) och inte förrän vi
går djupt inom oss själva kommer våra
prestationer att utmärka sig som
storslagna.*

*Änglarna ber dig att inte ta detta
personligt. Identifiera dig inte med
andra människors "litenhet" och be
aldrig om ursäkt för din "storhet".*

*Världen består av projektioner från
varje människas psyke som flätas
samman på en global "filmduk". Varje
tanke vi tänker tillför antingen skada
eller läkning. I samma utsträckning som
vi själva vägrar se och möta de djupare
frågorna som håller oss tillbaka, hålls*

även utvecklingen i stort tillbaka. I den utsträckningen som vi omvandlar vårt eget liv kan vi också hjälpa till att förändra världen.

Änglarna vill att du djupt inom dig ska förstå att det är även nu det vänder. När uppgivenheten och hopplösheten är som allra starkast är även ljuset och läkningen som allra närmast. Det är nu vi behöver ha nyfikenhet som drivkraft för att ta oss vidare. Var nyfiken på vad som finns gömt djupt där inom dig. Ha modet att titta på det och möta det med nyfikenhet. Det är när vi står öga mot öga med mörkret, både det kollektiva och personliga, som vi till sist kan börja skåda ljuset. I den mörkaste natten när vi känner oss som mest sårbara inför livet, börjar gryningens nya transformerade ljus att skina klart.

"Vad jag nu säger er är ett mysterium: vi skall inte alla dö, men vi skall alla förvandlas, i ett nu, på ett ögonblick, vid den sista basunens ljud. Ty den kommer att ljuda, och då uppstår de döda i oförgänglig gestalt, och vi förvandlas."

-1 Kor 15:51-52 -

♥

♥♥♥

11

Tillämpa meditation till ditt

vardagliga liv

Änglarna vill hjälpa dig med att skapa
utrymme för att du ska kunna utöva
meditation i din vardag.

Änglarna vet att det pågår mycket inom
dig just nu och att det känns som om
dina tankar lever ett eget liv där den ena
tanken avlöser den andra och skapar
splittring inom dig.

Det är viktigt just nu att du skapar tid
för meditation så du kan få tyst i
huvudet. Denna tystnad kommer att
hjälpa dig. I denna tystnad kommer en
helt ny lösning att träda fram.

En lösning som du inte kan tänka dig fram till. Lösningen kommer när du är redo att ta emot den.

Genom meditation gör du dig redo och villig att ta emot den information som änglarna försöker ge dig. Just nu försöker änglarna nå fram till dig men dina tankar av oro, motstånd och rädsla blockerar deras hjälp.

Änglarna vet att det är klarhet du söker. Klarhet kan du inte tänka dig fram till. Klarhet kommer när du utvidgar ditt medvetande. Meditation är ett sätt att utvidga medvetandet på.

Det är mycket viktigare än du tror att du skapar utrymme för meditation i ditt liv. Det är dags nu att börja meditera dagligen och skapa en hållbar rutin för detta som passar dig. Änglarna kommer att hjälpa dig med det.

Nu är det också dags att välja "din väg"
där du kan gå djupt istället för att hoppa
hit och dit och inte komma vidare.
Änglarna kommer att guida dig till "din
väg". Var uppmärksam på alla tecken
som visar sig så att du med lätthet kan
förstå vad änglarna försöker säga dig.

"Spiritual unfoldment is like a green,
tender sprout. You must water it daily
with meditation and plant a hedge
around it so the animals of worry, fear,
anger and doubt will not devour it"

-Paramahansa Yogananda-

♥

♥♥♥

12

Roll, identitet och relationer

Änglarna vill hjälpa dig att förstå hur din roll och identitet påverkar dina relationer.

Mänskligheten i allmänhet befinner sig under stark press att utvecklas och denna energi påverkar alla aspekter av ditt liv, i synnerhet dina nära relationer. Aldrig tidigare har relationer varit så problematiska och konfliktfyllda som de är nu och änglarna vill hjälpa dig med att förstå varför.

Alla spelar vi olika roller i våra liv. Vi spelar rollen som förälder, barn, vän, kollega, partner och så vidare. De olika rollerna vi spelar är mentala tankekonstruktioner som vi väljer att visa för andra. Det blir då en bild av oss själva som vi väljer att spela upp för någon annan. Det är först när vi identifierar oss med denna självbild som en identitet skapas.

En identitet skapas när du får en känslomässig bindning till din roll. Denna identifiering kan vara personlig eller kollektiv och kan sitta väldigt hårt fast och vara svår att släppa då vi så länge har övat på att spela denna roll.

Den inre och yttre konflikten som kan uppstå med andra människor när du utvecklas och utvidgar din medvetenhet är att du börjar inse att rollen som du spelat så länge och som andra har identifierat dig med, inte längre är den du vill vara.

När du utvecklas så förändras din inre energi vilket gör att hela din varelse förvandlas. Detta gäller även din gamla roll och identitet.

Detta kan vara svårt för människor i din närhet att förstå då denna förändring inte alltid syns med blotta ögat, men känns och upplevs väldigt tydligt på en subtil energetisk nivå. Andra människor vet då inte riktigt hur de ska förhålla sig till ditt "nya jag" eftersom det blir då en ny bild av dig själv som du visar för andra. Och denna nya självbild kan utmana andra människor.

Änglarna vill att du djupt inom dig ska förstå att du inte behöver oroa dig för hur andra människor definierar dig. När andra människor definierar dig begränsar de sig själva, vilket är deras problem och inte ditt.

Änglarna vill be dig om att öva när du interagerar med andra människor att vara där främst som medvetenheten bortom en roll och identitet. Då kommer äkta självkänsla automatiskt att infinna sig och vad andra tycker och tänker om dig kommer då inte längre att spela någon roll för dig.

♥

13

Vägen till upplysning går via

förmågan att kunna vara medvetet

närvarande i nuet

Änglarna vill visa dig att dina tankar inte är detsamma som ditt medvetande.

Den medvetandenivån som änglarna pratar om ligger bortom både tankar och känslor. Medvetandet är rymden där vi bara "vet". Det är mellanrummet och utrymmet mellan våra tankar. När du kan känna detta utrymme så är du i kontakt med änglarna och har då möjligheten att leva ditt liv i samklang med änglarna.

Utmaningen ligger i att lära sig att separera ditt tänkande från ditt medvetande. Detta kräver full uppmärksamhet och förmågan till att kunna vara medvetet närvarande i nuet. Änglarna är här för att säga att detta kan du träna dig till.

När du har förmågan att befinna dig i det innevarande ögonblicket, då har du även förmågan att fullt ut kunna leva i samklang med alla delar av dig själv, så även med änglarna eftersom denna energifrekvens finns inom dig.

När du börjar utveckla en högre medvetenhet och utvidga ditt medvetande så innebär det också att du får andra prioriteringar och värdegrunder. I detta skifte mellan det gamla och det nya kan en inre konflikt uppstå. Kom ihåg att detta tillhör processen. Det som är energilöst och stagnerat kommer ha svårt att anpassa

sig till din nya värdegrund och det kan
kännas riktigt utmanande. Kanske
upplever du till och med att du vill
avstanna processen istället för att röra
dig vidare framåt. Änglarna är här för
att ge dig mod och kraft till att fortsätta
på din väg.

Det finns en uppsjö av tekniker och
metoder för att träna upp en medveten
närvaro. Men, det är också det här som
är det kluriga. Vi kan träna oss till att
vara medvetet närvarande i nuet, men vi
kan inte träna oss i att uppnå
upplysning. Medveten närvaro är endast
en nyckel eller porten inåt till att nå
upplysningens nivåer. Medveten
närvaro är inte målet, utan vägen dit.

Anledningen till att vi inte kan träna oss
till upplysningens nivåer är för att vi
har det redan inom oss. Denna vetskap
kan komma till vem som helst när som
helst.

*Det går inte att förtjäna sin upplysning.
Vi kan bara vara den. Antingen är vi
den eller inte. När vi väl har vaknat upp
till att vi redan är den, så börjar vi
också förstå ansvaret i den.*

*Av sig självt kommer vi att leva våra liv
annorlunda. Vi vet vad som behöver
göras eller inte göras och vi gör det
utan någon personlig vinning.*

*Det sista steget kräver mycket mod och
det är att leva sin själs funktion. Vi är
kanske ännu inte villiga att ge upp vår
egen personliga vilja i utbyte mot den
gudomliga viljan. Det är oftast här det
brister för många. Vi är inte tillräckligt
motiverade att släppa och ge upp det
som vi tror att vi är i utbyte mot det vi
faktiskt är.*

*I flera år har vi byggt upp en
personlighet som vi tror är vi. När vi väl
börjar upptäcka att detta inte är den vi*

faktiskt är, kan vi bli förvirrade
och skapa ett inre motstånd. Därför
behöver vi oftast låta det ske successivt.
Vi släpper lite i taget så vi kan hänga
med i processen. När vi i själ och hjärta
vet och förstår att vi i grund och botten
är kärlek och inget annat och att Gud
och änglarna vill vårt allra bästa, då
kan vår riktiga resa börja. Och det är
just det vi alla så innerligt längtar efter.
Vi längtar efter att få leva det som är
kärnan och källan i oss själva.

Det finns många vägar till att nå ett
tillstånd av medveten närvaro, vilken
genom vi har möjligheten att nå
upplysning. Det här är bara en väg av
många som har samma mål. Ta till vara
på det som känns bra för dig och lämna
resten. När du väl har vandrat länge
nog så förstår du att du behöver välja
väg och följa denna väg fullt ut, och du
vet när du nått dit.

Lägg då din energi på den vägen och praktisera och följ denna fullt ut, då kommer du att lyckas.

Du är välsignad!

♥

14

Kraften i ett enda medvetet andetag

Änglarna vill visa dig hur kraften i ett enda medvetet andetag påverkar dig i dina val och beslut.

Andningen är själva länken som binder samman ditt kroppsliga Jag med ditt själsliga Jag via ditt medvetande.

Änglarna vill lära dig, genom praktisk vetskap, hur du kan utvidga ditt medvetande genom din andning.

Detta är något du måste göra för att kunna förstå. Det räcker inte med att endast läsa om det. Du behöver praktisera det. Det behöver integreras i din kropp för att kunna tillämpas. Och, när du har tillämpat denna kunskap i ditt vardagliga liv så kommer du

automatiskt att göra konstruktiva val
och produktiva beslut eftersom du då är
i kontakt med ditt själsliga Jag.

Änglarna vill be dig om att göra
följande två övningar så ofta du kan:

1. När din telefon ringer. Vänta tre
signaler innan du svarar. Under dessa
signaler tar du ett djupt medvetet
andetag. Sedan kan du själv besluta om
du vill svara nu, ringa tillbaka om en
stund eller bara låta det vara.

2. När det "blippar" i din telefon.
Motstå frestelsen att titta på telefonen
direkt. Ta ett djupt medvetet andetag.
Sedan kan du själv bestämma om och
när du ska titta på telefonen.

Änglarna vill att du ska komma ihåg att det är du bestämmer över din tid och telefon. Det är inte din telefon som bestämmer över hur du ska använda din tid.

♥

♥♥♥

15

Yttre fred börjar med inre frid

*Änglarna vill hjälpa dig med att uppleva
inre frid så att du kan vara en
budbärare för yttre fred.*

*Om vi vill förändra världen, behöver vi
börja med att förändra oss själva.*

*När vi är grundade i inre frid så skapar
vi automatiskt relationer och situationer
som bygger på tillit, respekt och
medkänsla. Därför att inre frid är
oundvikligt för dem som skapar yttre
fred.*

Inre frid och yttre fred går hand i hand.

*Änglarna skulle vilja be dig om att ha
inre frid som ditt syfte och mål. Vad du
än gör, säger, känner eller reagerar på*

så har du inre frid som ditt slutgiltiga mål.

Änglarna vet att de flesta av oss gör så att vårt mål att skapa inre frid blir beroende av att andra människor förändras. Änglarna vill visa dig en annan väg.

Det finns säkert oändligt många saker vi vill förändra hos vår partner, vän, barn, släkting och arbetskamrat. Vi vet alla hur det känns när de inte beter sig precis som vi vill och tycker att de ska göra. Vi blir irriterade, arga och upprörda för att de inte lever upp till våra mål för dem och vi förlorar vår egen inre frid. Och när vi förlorar vår egen inre frid så lägger vi skulden på vår partner, vän, barn, släkting eller arbetskamrat för den brist på frid som vi själva upplever.

Känner du igen dig?

Då är du långt ifrån ensam. Det har blivit ett normalt tillstånd för oss människor, men det är långt ifrån ett naturligt tillstånd.

När vi har som mål att älska någon precis som hen är och samtidigt har som mål att förändra den personen, kan vi bara uppleva konflikt. Det blir en inre konflikt med dig själv och en yttre konflikt med personen och situationen som du har att göra med.

När vi har som mål att förändra andra människor, ger vi dem makten att bestämma om vi ska uppleva inre frid eller inte. Vår frid blir då beroende av att andra förändras, eller av att de beter sig på ett visst sätt som vi önskar oss. Om de inte förändras för att passa in i våra mallar, blir vi irriterade och frustrerade.

Kom ihåg att alla människor gör alltid så gott de kan enligt deras förmåga, och de beter sig alltid utifrån deras egen medvetandenivå.

Änglarna vill att du lägger tyngdpunkten på det du kan förändra hos dig själv, och inte på det som du tror att den andra måste ändra på. För att kunna göra det behöver du släppa taget om bindningen till ditt eget behov av att den andra personen ska förändras. När du gör det så blir ditt mål, automatiskt, att alltid skapa inre frid som alltid resulterar i yttre fred. Detta händer inte av sig själv. Det är ett val du behöver göra varje dag och inför varje situation. Detta är något du kan träna dig till genom att öva, öva och åter öva. Men, allt börjar med din egen villighet.

♥

♥♥♥

16

Ett disciplinerat sinne

*Änglarna vill att du ska förstå att en
person med ett disciplinerat medvetande
lever i frihet eftersom de har förmågan
att välja innehåll på sina tankar och har
utvecklat förmågan till koncentration,
vilket gör att de kan rikta all sin energi
och sitt fokus på konstruktiva mål som i
sin tur skänker den personen frid,
harmoni och glädje.*

*Allt börjar med att bli medveten om
vilka tankar du väljer att tänka. De
flesta av oss är odisciplinerade i vårt
tänkande där tankarna ofta går i strid
mot varandra och skapar motstånd,
rädsla, inre konflikt, hjälplöshet och
depression.*

*När vi verkligen lyssnar till vår inre
konversation kanske vi förvånas över
hur ofta de saker vi säger är negativa
budskap i form av kritik mot oss själva
eller andra. Det kan till en början verka
som om de negativa tankarna uppstår av
en slump, eller som ett resultat av vad
någon eller något "därute" har gjort.
Men, sanningen är att det är vi själva
som skapar dem.*

*En av de största gåvorna vi människor
har fått är vår fria vilja att välja vilka
tankar vi vill fylla vårt medvetande med.
Kom ihåg att detta är ett val du behöver
göra, varje dag. När vi beslutar oss för
detta börjar vi steg för steg att ersätta
de negativa tankarna med positiva och
konstruktiva tankar. Detta kan du träna
dig till, och änglarna vill hjälpa dig med
det.*

Änglarna rekommenderar dig att bli som en betraktare av din egen inre dialog och konversation med dig själv. Titta och lyssna på dina egna tankar utan att börja analysera. Efter ett tag kommer du märka hur dynamiken i dialogen och konversationen förändras och kanske även avtar. Sedan kan du själv välja vilka tankar du vill ha kvar i ditt medvetande.

Kanske är det inga tankar alls?

Kanske vill du skapa helt nya, fräscha och friska tankar?

Vad vill Du?

Vad väljer Du?

♥

17

Grunden till allt överflöd

*Änglarna vill att du ska veta att hur du ser
på dig själv och vem du tror att du är, är
nära förknippat med hur du ser att andra
behandlar dig.*

*Många människor klagar på att andra inte
behandlar dem tillräckligt bra och att de
upplever att de inte får tillräckligt med
respekt, uppmärksamhet eller erkännande
av andra och världen.*

*Det är vanligt att människor ser på sig
själva som ett behövande "litet jag" vars
behov inte blir uppfyllda. Denna
grundläggande missuppfattning av en falsk
och gammal trosföreställning skapar
problem i alla aspekter av livet. Människor
tror vanligtvis att de inte har något att ge
och att världen och andra människor
undanhåller dem det de behöver.*

Om den falska trosföreställningen om brist,
oavsett om det är frågan om pengar,
erkännande, kärlek och så vidare, har blivit
en del av din självbild, det vill säga har
blivit en del av hur du ser på dig själv och
vem du tror att Du Är, kommer du alltid att
uppleva brist. Istället för att erkänna och
uppskatta det goda som redan finns i ditt liv
ser du bara brist.

Att erkänna och uppskatta det goda som
redan finns i ditt liv är grunden till allt
överflöd, din sanna livsuppgift och äkta
identitet. Källan till allt överflöd finns inte
utanför dig själv. Den är en del av Den Du
Är.

Det du tror att världen och andra
människor undanhåller dig är i själva
verket saker som du undanhåller världen
och andra människor. Du undanhåller det
eftersom du innerst inne fortfarande tror att
du är liten och att du inte har något att ge
andra. Det är dags nu att kliva ur denna
"litenhet" och släppa denna gamla och
falska trosföreställning.

Änglarna är här för att hjälpa dig, för du kan inte ta emot något som du inte ger. Utflödet bestämmer inflödet. Det är en utav de grundläggande universella lagarna.

Allt det du tror att världen och andra människor undanhåller dig, det har du redan inom dig. Men, om du inte tillåter dig att börja ge de här sakerna till din omgivning kommer du inte ens att veta om att du har det och kan vidare då inte förmå dig att ta emot det.

Änglarna vill att du testar följande i några veckor:

Det du tror att andra människor eller världen undanhåller dig. Så som: beröm, vänlighet, kärlek, respekt, uppskattning, hjälp, omsorg och så vidare, ge det till dem. Om du inte tror att du kan så agera bara som om du kan det, så kommer alltsammans till dig. Det innefattar även välstånd och yttre överflöd.

*Börja med att se och erkänna överflödet
utanför dig. Se livets alla rikedomar
överallt omkring dig. Solens värme, de
vackra blommorna, uppskattning av att ha
ett hem, mat på bordet, familj, barn, partner
och alla naturens växlingar. Livets
rikedomar finns närvarande i varje steg du
tar.*

*Att se och erkänna det överflöd som finns
omkring dig väcker även överflödet inom
dig. Låt det sedan strömma ut från dig. När
du är vänlig och ler mot någon strömmar
det redan ett litet utflöde av energi och du
blir då en givare, någon som ger till andra.*

*Du behöver egentligen inte äga någonting
för att uppleva överflöd, och om du känner
dig rik så kommer du automatiskt att
attrahera in det i ditt liv.*

*En annan grundläggande universell lag är
att överflöd kommer bara till dem som
redan har det.*

*Tänk på att både överflöd och brist är
endast olika inre tillstånd som kommer till*

71

uttryck som din verklighet. Antingen så
väljer du att se brist i allt, och då är det
brist som du upplever i ditt liv. Eller, så
väljer du att se överflöd i allt och då är det
överflöd som du upplever i ditt liv.

Änglarna ber dig om att välja med
eftertanke då du inte kan uppleva både brist
och överflöd samtidigt.

♥

♥♥♥

18

Någon form av handling är bättre än

ingen handling alls

*Änglarna vill hjälpa dig att ta ett
konstruktivt steg framåt, eftersom just
nu är någon form av handling bättre än
ingen handling alls.*

*Vad det än är som du behöver ta tag i,
så ber änglarna dig att göra det nu även
om där finns ett visst inre motstånd. Den
kreativa energin är just nu med dig och
hjälper dig framåt. Oavsett vad det är,
så är någon form av handling bättre än
ingen alls. Ta små steg kontinuerligt,
istället för att vänta med och skjuta upp
det du egentligen vet att du borde göra.*

*När du tar detta steg så frigörs energi
som hjälper dig att rensa bort och rena*

dig från gifter som orsakats av mentala och emotionella blockeringar. Denna frigöring kommer att ge dig klarhet.

Änglarna vet att det finns en inre splittring och konflikt inom dig som orsakar ett visst inre motstånd till att ta tag i saker och ting. Låt detta motstånd finnas där, men gör det du behöver göra ändå. Det är fullt möjligt att låta två olika typer av tankar/ känslor/ tillstånd/ situationer finnas där samtidigt, utan att du behöver bli förvirrad/ konflikträdd/ splittrad/ handlingsförlamad. Änglarna vill hjälpa dig med att hela denna inre splittring.

Denna inre splittring beror på att dina tankar upptas av en viss situation eller person. Stressen som uppstår orsakas av att du är "här" men vill vara "där". Att leva här och nu men vilja vara antingen i det förflutna eller framtiden, skapar inre stress som i sin tur skapar inre splittring och motstånd.

Änglarna vet att det egentligen är klarhet du söker. Men, kom ihåg att du aldrig kan tänka dig fram till klarhet, du behöver agera. När du tar steg för steg så kommer klarheten att infinna sig.

♥

♥♥♥

19

Uppmuntra istället för att anmärka

Änglarna vill hjälpa dig med att
uppmuntra istället för att anmärka.

Änglarna undrar om du...

~ är omgiven av människor som är
"felfinnare" och som hellre anmärker
och kritiserar det du gör/ tänker/
känner/ säger, istället för att uppmuntra
dig?

~ är snabb att anmärka, kritisera och
finna fel hos dig själv eller andra,
istället för att uppmuntra dig själv och
andra?

*Bristande självförtroende och
självkänsla kan driva oss till att söka en
känsla av egenvärde utanför oss själva,
vilket ofta tar sig uttryck i någon form
av konkurrenstänkande.*

*Konkurrens och avundsjuka smyger sig
ofta in i många relationer, oavsett vilken
typ utav relation. Båda parter kanske
har låg självkänsla, och så tävlar de
med varandra för att kunna tycka bättre
om sig själva. Så länge ett sådant par
ser något värde i att spela det här
spelet, stannar de kvar i relationen även
om den är problematisk och
konfliktfylld.*

*Änglarna är här för att säga att DU har
utvecklats och förändrats, vilket innebär
att ditt egenvärde har ökat. Detta kan
skapa förändringar i dina relationer
eftersom rollerna i relationen förändras.
Hela relationens dynamik håller på att
transformeras, eftersom du inte längre*

77

*har något behov av att tävla. Den
person i relationen som fortfarande är
beroende av tävlandet för att må bra
kommer att lämnas kvar i det "gamla"
för att fortsätta tävla alldeles ensam
eller hitta någon annan att tävla med.*

*Änglarna vill påminna dig om att ingen
någonsin kan tävla i kärlek. Att
uppmuntra är kärlek. Att anmärka,
kritisera och ständigt finna fel är inte
kärlek.*

Änglarna undrar:

Är du redo att leva ditt liv i kärlek?

*Om så är fallet, (eftersom DU läser
detta just nu så vet änglarna att du är
redo) ber änglarna dig att välja med
omsorg de människor som du omger dig
med. Omge dig med människor som
uppmuntrar. Änglarna ber dig också att
själva vara denna människa som
uppmuntrar andra.*

Änglarna viskar:

"Du är välsignad och oerhört älskad".

"Spiritual progress lies in doing what is right, not in receiving recognition for it... The appreciation that really means something comes from within, when we know we have God´s approval"

- Sri Daya Mata -

♥

20

Gör plats åt det nya

Änglarna vill hjälpa dig med att göra plats åt det nya genom att rensa ut det gamla, både i det yttre som i det inre.

Änglarna vet att du redan har gått en bra bit på den andliga vägen och att det nu är dags att rensa ut det som inte längre är Du och som du inte längre behöver. Detta gäller både i det inre som i det yttre.

Det är dags att rensa och organisera i ditt hem och på din arbetsplats. När du rensar och organiserar i det yttre, så rensar du samtidigt i ditt inre och organiserar på så sätt dina egna tankar och känslor.

Du kommer steg för steg att framöver bli uppmärksam på vad som inte längre stödjer dig i livet. Änglarna ber dig att inte se detta som ett straff, utan som en välsignelse. Allt som inte längre har en plats i ditt liv behöver rensas ut eftersom Du har förändrats och något nytt är på väg in. Det är din uppgift nu att göra plats för det nya.

Änglarna ber dig om att starta denna process redan idag. Börja med att göra en riktig utrensning i ditt hem. Tacka varje sak och ting som du rensar ut. Behåll endast det som ger dig en känsla och tanke på glädje, kärlek och ljus. När du rensar ut något så tänk samtidigt på personen som gav dig detta, eller kring situationen som denna sak tog plats i ditt hem. Välsigna personen och situation. Släpp sedan taget och ge vidare eller släng.

*Varje sak och ting som du rensar från
det yttre, rensas även från ditt inre.*

*Änglarna ber dig att lita på processen
och låta den få ta den tid den behöver.
Änglarna ber dig om att ha tillit till att
de vet vad de gör och vad de ber dig om
att göra.*

*Änglarna ber dig också att komma ihåg
att något nytt är på väg in i ditt liv och
nu är det din uppgift att göra plats åt
det nya.*

♥

♥♥♥

21

Om ouppfyllda önskningar

*Änglarna vill hjälpa dig med att förstå
vad alla människors innersta längtan
och önskan är.*

*Buddha säger att det finns en
inneboende drivande kraft i alla
människors själar som längtar och
önskar få uppleva två saker:*

1. Att bli fri från allt lidande.
2. Att leva i evig lycksalighet.

*Buddha säger också att så länge du har
andra kroppsliga ouppfyllda önskningar
och begär, kommer du inte att kunna
finna total inre frid och lycksalighet
eftersom dessa endast kommer att skapa
mer lidande.*

Änglarna vill därför hjälpa dig med att djupt inom dig förstå innebörden av vad Buddha egentligen menar. Detta går inte att förstå med enbart ditt intellekt. Du behöver nå själens nivå inom dig för att kunna anamma detta budskap. Och, änglarna vill hjälpa dig med detta.

För att nå själens nivå inom dig behöver du tysta ditt sinne, dina tankar och din inre ljudliga dialog. Det gör du lättast genom meditation.

Änglarna vill att du tar dig tid varje dag till meditation. Meditation är en bra metod för att rensa i ditt inre. Att meditera är som att dränka in en smutsfläck med tvålvatten och låta den stå över natten för att mjukna upp och sedan sköljas bort.

Änglarna vill att du ska veta att du är så nära att upptäcka varför du har valt att befinna dig här på jorden just nu. Du är

så nära att upptäcka den Du verkligen
Är bortom all smärta, allt lidande och
allt självsabotage.

Du är på väg att förverkliga dig själv.
Detta är inte något du kan tänka dig till.
Detta är något du behöver uppleva. Och
när du väl har upplevt detta, så vet du
vem Du verkligen Är och du kommer
aldrig att behöva ifrågasätta detta mer.

Änglarna vet att det här är "de modigas
väg", och änglarna är här för att
meddela att Du är en av de modiga.
Änglarna vill att du med säkerhet ska
veta att du är utvald och att du är
välsignad till att leva i samklang med de
som vandrar "de modigas väg".

♥

22

Ditt själsliga behov

*Änglarna vill att du ska veta att
människan har olika behov för att kunna
tillfredsställa alla delar av sig som
utgör en hel mänsklig varelse.*

*I olika tider har olika behov stått högst
upp på prioriteringslistan. Nu är vi inne
i en tid då vi behöver utveckla
ytterligare ett lager av behov hos
människan. Det är det själsliga behovet.*

*Vi har kommit till en tidpunkt i
evolutionen där varje människa på ett
eller annat sätt börjar ifrågasätta sin
egen existens. Det är då frågor som
berör våra inre djupaste lager kommer
upp till ytan.*

Vi börjar ställa frågor så som:

~ Vad är meningen med livet?
~ Vad är meningen med mitt liv?
~ Varför finns jag?
~ Det måste finnas ett annat sätt att leva på?

Det här är bara några utav många liknande frågor som kan dyka upp när denna själsliga del inom dig börjar vakna till liv. Det börjar genom stilla viskningar. Dessa viskningar kan upplevas som en inre lite obekväm känsla. Om inte denna känsla uppmärksammas och om inte dessa viskningar lyckas väcka dig så går det vidare till högre och högre rop som till slut blir ett högt skrik av lidande så att du inte står ut längre. Då äntligen blir du tvungen att titta närmre på denna del av ditt liv.

Du börjar steg för steg att upptäcka ditt själsliga behov och förhoppningsvis börjar du att villigt ge näring till din andliga utveckling.

Alla människor **har** *en kropp,* **har** *tankar och känslor men vi* **är** *en själ. När vi djupt inom oss börjar förstå denna universella sanning så kan vi väcka det själsliga behovet genom visdom istället för lidande, sedan fortsätter vi att ge själen den näring som den behöver. Och vi gör det genom visdom.*

Änglarna säger att det som du behöver i livet är det som kommer att hjälpa dig att uppnå ditt högsta syfte. Det som du kanske **vill ha** *men inte* **behöver** *kan avleda dig från målet. Bara genom att få allt att tjäna ditt huvudsyfte kan framgången uppnås.*

♥

♥♥♥

23

Vad är visdom?

Receptet för visdom innehåller tre ingredienser:

1. Intelligens
2. Intuition
3. Manifesterad intelligens + intuition

Intelligens *är inte detsamma som att vara intellektuell. Att vara intellektuell är att ha kunskap om något, vilket vem som helst kan läsa och studera sig till. Att vara intelligent går djupare än så. Intelligens har ingen ålder och går aldrig ur tiden. Det är att ha upplevd kunskap. Det vill säga att ha kunskap om något och även tillämpat detta i sitt liv.*

*För att ta en liknelse så låt oss säga att du har ett recept på en tårta. Du kan läsa receptet och få kunskap om alla ingredienser, men du vet fortfarande inte hur den smakar. Tårtan är ännu inte upplevd kunskap. Du har ännu inte tillämpat kunskapen i ditt liv. För att kunna göra det behöver du faktiskt baka tårtan och smaka på den själv. När du har smakat på tårtan kan du antingen bestämma dig för om du gillar den eller inte. Om tårtan faller dig i smaken blir det något som du upplevt som gott för dig. Då är detta **din** sanning. Just den tårtan tycker du är god och då kan du också ge receptet vidare för att du i ditt innersta vet att den är god.*

***Intuition** är när ditt själsliga behov tillgodoses.*
Intuition går bortom tankar och känslor. Det är när vi ger själen andlig näring och vi börjar lita på dess budskap.

När vi gör det börjar vi känna mer frid,
medkänsla med oss själva och andra,
tillit, beskydd och vi känner oss älskade
för den vi är och inte endast för vad vi
gör.

Manifesterad intelligens + intuition *är*
att leva som man lär. Det är att kunna
förstå livet och leva därefter. Det räcker
alltså inte att endast läsa om något.
Man behöver praktisera det man läser.
Det räcker inte att endast läsa om
exempelvis meditation för att veta vad
det är och kunna ta del av dess effekter
av lugn, ro, tillit, intuition och
medkänsla. Man behöver även sätta sig
ner och meditera för att kunna veta vad
meditation faktiskt är. Sedan gör man
det till en vana och börjar leva sitt liv
därefter. Då har man visdom om något,
i det här fallet meditation och hur det
påverkar ens liv.

Hur når man då visdom?
Det gör man genom att ständigt utveckla
sin intelligens och intuition genom
personlig utveckling, andlig förståelse
och mänskligt växande. Det kan man
göra på många olika sätt. Du får prova
dig fram tills du hittar ett sätt som
passar just dig. Ett sätt är att läsa och
tillämpa "Veckans Insikt &
Änglabudskap" i ditt liv.

♥

♥♥♥

24

Vad är Gud?

*Enligt änglarna handlar det inte så mycket om **vem** Gud är, utan snarare **vad** Gud är eftersom Gud är både personlig och opersonlig och det finns ingenting som Gud inte är. Detta betyder att allt och alla som finns, är en del av Gud.*

Gud är inte en plats du kommer till eller en person du försöker nå fram till. Gud är ett medvetandetillstånd och en process som pågår inom dig. Eftersom du utvecklas hela tiden så utvecklas också din version av Gud. Desto mer du utvidgar ditt medvetande, desto mer utvidgar du din bild och version av Gud. Din livskraft är en bidragande faktor i denna process och din livskraft är starkt knutet till din "andliga ryggrad" som också kan kallas dina inre rum eller chakran.

Enligt änglarna kan du ha 7 olika versioner av Gud. Om ditt medvetande är bundet till chakra…:

1. Då kan du ha en version av Gud som är baserad på materiella önskningar och begär som skapar fruktan, rädsla och bristtänkande.

2. Då kan du ha en version av Gud som är baserad på invanda vanor och begränsade tankemönster som skapar osäkerhet, skuld och skam.

3. Då kan du ha en version av Gud som varierar från dag till dag. Du blir lätt påverkad av yttre saker, människor och platser som skapar inre splittring och konflikt inom dig.

4. När du kommit upp till hjärtchakrat sker en skiftning. Din medvetenhet har då utvidgats så pass mycket och din livsenergi är nu så pass stark att du kan hålla en klar och ren bild och version av Gud som är baserad på kärlek, tro och tillit. (Hela mänskligheten befinner sig just nu i detta skifte, mellan chakra 3 och 4. Det är därför vi upplever så mycket splittring och konflikt både i det yttre som i det inre. Desto fler människor som kan klara av att göra detta skifte, desto snabbare går processen för hela mänskligheten. Om Du läser detta just nu och om det är begripligt för dig, då är Du en av dem som redan har gjort detta skifte inom dig och Du är nu en andlig lärare som visar andra vägen.)

5. Då kan du ha en version av Gud som är baserad på frid, harmoni och balans.

6. Då kan du ha en version av Gud som är baserad på helande, helighet och visshet.

7. Då vet du att Du Är Gud.

Gud är som Du är. Varje version av Gud tillfredsställer ett särskilt mänskligt behov, vilket bara är naturligt.

Evolutionen har utrustat oss alla för att finna Gud. Gud är inte ett val, utan en nödvändighet. Det är en urkraft inbyggd i vår själ.
Du är konstruerad för att hitta Gud, och din själ har kartan och kompassen.
Gud är också ett annat ord för gränslös intelligens. För att uppnå något man önskar i livet måste man ta kontakt med och nyttja denna intelligens. Din själ har tillgång till denna intelligens och för att kunna tolka kartan och kompassen behöver du ha tillgång till Din Själs Språk och änglarna kommer att hjälpa dig med detta.

♥

♥♥♥

25

Själens språk

"Mina kära änglar,
Tack för att ni visar hur jag på bästa
sätt kan lyssna till min själs röst.

Tack för att ni lär mig tolka min själs
språk på ett sätt som jag bäst förstår.

Tack för att ni stänger ute allt annat
brus och låter mig vila och omslutas av
er gudomliga närvaro.

Låt era vingar vidröra min själ så att
endast er visdom upplevs vilket leder
mig till min gudomliga kallelse.

Må jag för alltid väcka er kärlek hos
varje människa jag möter och må jag
vara en välsignelse för allt och alla.

Amen"

Änglarna vill lära dig att tolka din själs språk. För att kunna tolka själens språk behöver du först lära känna din själ.

Änglarna vill visa dig att själen finns på en medvetandenivå som ligger bortom dina tankar och känslor. För att lära känna din själ behöver du förstå att dina tankar inte är detsamma som ditt medvetande.

Den medvetandenivån som änglarna pratar om ligger bortom både tankar och känslor. Den medvetandenivån är rymden där vi bara "vet". Det är mellanrummet och utrymmet mellan våra tankar. När du kan uppleva detta utrymme så är du i kontakt med din själ och har då möjlighet att kunna höra själens röst.

Själen talar ofta till oss på olika "språk". Det kan vara i text, bild, ljud, ljus och vetande. När du vet din själs språk så kan du också tolka rösten på ett sätt som bara du kan förstå. Detta är väldigt personligt och ska inte jämföras med andra. Ingen annan kan tolka din själs språk mer än du. Här behöver du odla tilliten till dig själv.

Det finns många lärare, tekniker och metoder som kan ge dig nycklar till att lära känna din själ. Men, kom alltid ihåg att tolkningen tillhör endast dig.

Det som håller så många tillbaka är oftast inte andlig okunskap utan snarare en sorts andlig lättja. Vi tar saker och ting på allvar, men inte på djupet. Det är många som är "andliga elever", men utmaningen är att även ta "den andliga examen". Det är inte alltid lätt att tillåta vår andliga potential att födas för att

"komma ut ur den andliga garderoben".
Dessutom kan det ibland vara arbetsamt
och ibland kan vi även behöva en
hjälpande hand på vägen.

Kom ihåg att änglarna alltid är med dig.

Tona in på deras energi så kommer de
alltid att hjälpa dig med det du behöver
just nu. Det är inte alltid det du tror att
du vill ha, men det är alltid det du
behöver för att kunna ta dig vidare.
Använd gärna änglabönen ovan så ofta
du kan. Det kommer att hjälpa dig!

♥

♥♥♥

26

Budskap från Ärkeängel Uriel-

Förlåtelsens ängel

Ärkeängel Uriel är här för att hjälpa dig uppleva försoningens befrielse genom förlåtelse så att du kan leva i harmoni med dig själv och andra.

Uriel vill hjälpa dig med att förstå att skuldkänslor, ånger, bitterhet, missnöje, sorg och alla former av brist på förlåtelse orsakas av att du tillbringar för mycket tid i det förflutna eller i framtiden genom dina tankar och mister då din länk och energisamklang med änglarna.

Uriel vill att du ska veta att problem är inget annat än mentala konstruktioner

som inte kan överleva då du är i
samklang med änglarna.

Alla problem behöver antingen
accepteras eller hanteras och Uriel är
här för att hjälpa dig förstå skillnaden.

Problem betyder att dina tankar upptas
av en viss situation eller person och
denna identifikation gör att du
omedvetet skapar problemet till en del
av din självbild, vilket i sin tur skapar
smärta. Stressen som uppstår av denna
smärta orsakas av att vara "här" men
vilja vara "där".

Att leva här och nu men vilja vara
antingen i det förflutna eller i framtiden,
är en splittring som kan slita sönder dig
inombords. Uriel är här för att hjälpa
dig hela denna splittring.

Just nu är någon form av handling
bättre än ingen handling alls, speciellt
om du har suttit fast i en olycklig
situation en längre tid.
Uriel kallas också för "psykologängeln"
och är här för att hjälpa dig släppa
taget om din oförmåga att förlåta.
Uriel hjälper dig att rensa bort och rena
dig från alla gifter som orsakas av
mentala och emotionella blockeringar.
Denna frigöring kommer att befria dig.

Försoningens frid som kommer genom
din villighet att förlåta kommer skölja
över dig, i dig och runt dig när du
bestämmer dig för att släppa taget om
all ilska som finns i ditt hjärta och ditt
sinne.
Uriel vill få dig att förstå att du inte är
ensam och att när du förlåter, tillåter du
samtidigt andra människor att bli fria.

♥

♥♥♥

27

Budskap från Ärkeängel Mikael-

Beskyddarens ängel

Ärkeängel Mikael vill hjälpa dig med att stå upp för dig själv, det du tror på och dina beslut.

Ärkeängel Mikael beskyddar dig, din familj och allt som du skapar - nu och för alltid.

Ärkeängel Mikael skär igenom illusionens slöja så att du kan leva i den absoluta sanningen, och ger dig modet till att göra de livsförändringar som behövs för att du i trygghet ska kunna arbeta med ditt gudomliga livs syfte.

Ärkeängel Mikael hjälper dig att släppa bindningen till ditt förflutna. Tillåt Mikael att kapa alla bindningar till de relationer som inte längre fyller någon funktion i ditt liv. Tillåt även Mikael att kapa alla känslotillstånd och invanda tankemönster som är kopplade till minnen som inte längre tjänar något syfte. Tillåt Ärkeängel Mikael hjälpa dig att bli fri och leva i denna frihet för all evighet.

Ärkeängel Mikael hjälper dig att släppa taget om alla självdestruktiva tankar, känslor och beteenden, så att du kan leva i total sinnesfrid.

Ärkeängel Mikael ber dig att stå upp för dig själv, det du tror på och dina beslut. Även om det kan kännas lockande att ge med sig för någon annans vilja, så ber Mikael dig om att stå fast vid ditt beslut. Du vet vad du gör och var du är på väg.

Du behöver inte försvara dig själv eller förklara varför. Människor i din närhet kanske inte, just nu, förstår ditt syfte och din vision eftersom du är en av dem som går först i ledet. Våga vara den som andra människor vill följa.

Ärkeängel Mikael är med dig och hjälper dig. Du kommer att lyckas! Stå stadigt och backa inte, för det är viktigt att du står upp för din övertygelse.
Håll ut och stå stadigt i kärlekens ljus. Tänk ljusa tankar, känn kärlek och agera med övertygelse.

Det värsta är nu bakom dig och din framtid är nu tryggt skyddad av Ärkeängel Mikael.

♥

♥♥♥

28

Budskap från Ärkeängel Gabriel-

Kreativitetens ängel

Ärkeängel Gabriel är här för att hjälpa dig att uppleva kreativitetens fulla kraft som leder dig till din livsuppgift.

Gabriel vill hjälpa dig med att ha nyfikenhet snarare än rädsla som drivkraft i ditt liv eftersom att leva kreativt är de modigas väg, och Gabriel är här för att säga att du är en av de modiga.

Gabriel vill att du ska förstå den universella frågan om varför du är här, därför att Gabriel vet att du ställt den frågan många gånger.

De människor som har funnit svaret på denna fråga utstrålar en viss slags energi som andra människor dras till och deras tillvaro är fylld av mening. Den insikt de vunnit om syftet med sitt liv ger dem förmågan att glädjas åt livet när det är bra och styrka att klara av de svåra perioderna i livet.

Gabriel ber dig att inte gripas av panik om du inte vet vad ditt ändamål är just nu, utan börja bara med att titta lite extra på den frågan och lita på de svar du hör från ditt inre. Dina inre röster finns där för att leda dig till storslagna höjder. Gabriel vet att du vid något tillfälle i livet fått en glimt av din kallelse, men av någon anledning valde du att inte följa den.

Du läser det här just nu därför att
Gabriel vill ge dig en andra chans.

Gabriel är här just nu med sin energi
för att ge dig insikt om din livsuppgift
och även mod till att följa den. Tillåt
Gabriel vägleda dig till att göra sådant
du gillar och tycker om, helt enkelt bara
för att du mår bra när du gör det.
Gabriel vill att du med säkerhet ska veta
att du är utvald.

Du har nu tillåtelse till att leva ett
kreativt liv. Gabriel vill att du ska veta
att du är välsignad.

♥

♥♥♥

29

Budskap från Ärkeängel Rafael-

Helandets ängel

Ärkeängel Rafael vill hjälpa dig med att förstå att det finns en läkande kraft inom dig som är en sorts gudomlig läkare placerad inne i ditt medvetande. Denna del av dig kommunicerar med varje cell i din kropp. Energin i denna kraft är som en slags intelligens som går bortom dina egna tankar och känslor, och som verkar i en dimension som existerar i djupet av din själ.

Rafael hjälper dig att nå denna dimension inom dig.

Rafael är som en slags bro över- från den mänskliga medvetandenivån till den gudomliga medvetandenivån.

Ärkeängel Rafael är här för att hjälpa dig att läka alla dina sår- kroppsliga, mentala, emotionella och själsliga- så att du kan uppleva helandets sanna natur.

Rafael vill att du ska veta att din fysiska kropp håller på att helas. Känn hur Rafaels energi omringar dig, omsluter alla delar och absorberas där den behövs.

Rafael är en äkta och sann healer som hjälper dig att hela din fysiska gestalt. Och för att din fysiska gestalt fullt ska kunna bli helad behöver även dina mentala, emotionella och själsliga sår läka. Rafael hjälper dig inifrån och ut.

111

Rafael vill att du med visshet ska veta att även DU är en äkta och sann healer.

Rafael är här för att be dig om att inte vara rädd för att be Rafael om en "tjänst". Du kan aldrig be om för mycket. Rafael är alltid närvarande i ditt liv och väntar bara på att du ska kontakta, kommunicera och leva i samklang med Rafaels energi. Du behöver inte vara rädd för att störa Rafael eller be om för mycket. Rafael älskar att du ber om en "tjänst". Det finns inga "tjänster" som är för små eller för stora, och Rafael ber aldrig om någon "gentjänst".

Rafael är ren gudomlig kärlek och kan därför hjälpa dig på ett äkta och hållbart sätt eftersom Rafael är helheten, friden och kärleken som du söker, längtar efter och eftersträvar.

♥

♥♥♥

30

Budskap från Lariella- Medkänslans

ängel

*Lariella- Medkänslans ängel arbetar
med Kristusenergin och är här för att
hjälpa dig att uppleva den kärlek som
existerar i allas hjärta.*

*Medkänslans ängel vill hjälpa dig med
att förstå att mänskligheten befinner sig
under stark press att utvecklas eftersom
det är vår enda möjlighet att överleva
som ras. Detta kommer att påverka alla
aspekter av ditt liv och i synnerhet dina
nära relationer. Aldrig tidigare har
relationer varit så problematiska och
konfliktfyllda som de är nu och
Medkänslans ängel är här för att hjälpa
dig med alla dina relationer.*

*Medkänslans ängel vill att du djupt
inom dig ska veta att dina relationer
med människor inte existerar för att
göra dig lycklig eller tillfreds, utan de
existerar för att göra dig medveten och
hjälpa dig att leva i samklang med den
högre medvetenheten som vill födas i
den här världen. De människor som
håller fast vid sina gamla mönster
kommer att möta mer smärta och
förvirring. De människor som är villiga
att göra en förändring, kommer att
födas på nytt eftersom verklig
förändring sker i det inre och inte i det
yttre.*

*Eftersom du läser det här just nu så är
DU en utav dessa människor som inte
bara kommer att födas på nytt, utan
även kommer att hjälpa andra att göra
det.*

Lariella vill att du ger dig hän och
överlämnar dig själv till Kristusenergin.
Låt friden av Kristusenergin strömma in
i allt du gör. Kristusenergin är din
inneboende gudomliga essens eller ditt
högre Jag. Kristi återkomst är inget
annat än en omvandling av mänsklig
medvetenhet, en övergång från tänkande
till ren medvetenhet där subjekt och
objekt smälter samman och blir Ett.
Kristusenergin är sanningen inom dig,
den gudomliga närvaron, evigt liv som
existerar här och nu och för all evighet.

Lariella vill att du ska veta att för
somliga människor kan orden "att ge
sig hän och överlämna sig själv" väcka
negativa föreställningar som exempelvis
att ge upp, att inte kunna möta livets
utmaningar, att bli handlingsförlamad
och så vidare. Sant överlämnande är
dock någonting helt annat. Det betyder
inte att du passivt står ut med vad som

115

*helst i den situationen du befinner dig i
och inte gör något åt saken. Det betyder
inte heller att sluta planera eller ta
initiativ till positiva förändringar.*

*Sant överlämnande är visheten att **ge
efter för** istället för att **göra motstånd
mot** livets flöde, att släppa ditt inre
motstånd mot det som Är.
Inre motstånd är att säga "nej" till det
som Är genom mentalt dömande av
situationen som skapar känslomässig
negativitet. Att ge efter för och släppa
ditt inre motstånd befriar dig
omedelbart från identifikationen med
egot (d.v.s. intellektet och dina tankar)
och sätter dig istället i direktkontakt
med Kristusenergin.*

*Kom ihåg att motstånd är egot, och att
allt överlämnande är att vara medveten.
Egot är präglat av det förflutna och
strävar alltid efter att återskapa det*

välkända. Även om det är smärtsamt är det åtminstone välbekant. Egot håller sig alltid till det som välkänt för dig. Att ge sig hän och överlämna sig själv, däremot, öppnar en dörr så att Kristusenergin kan komma in och ge dig den klara och rena medvetenheten som behövs i just den stunden.

Lariella vill att du nu, just nu, tar ett djupt andetag och släpper ditt inre motstånd. Ge dig hän och överlämna dig själv till Kristusenergin. Låt nu denna energi fylla hela ditt väsen och öppna dig för en ny slags medvetenhet.

♥

Tack

Tack till alla Änglar!

Jag älskar Er...

Sidor för egen reflektion: